Stadt des gezwungenen Netzes

-

Jack B. Smith

Neben dem Justizpalast stehen Vitrinen.
Große Gläserne, mit einem schwer wirkenden schwarzen Dach. Eine davon ist beleuchtet.
Nur eine, als wolle man das was darin auf einen wartet für alle und keinen ausstellen.
Es wirkt nur Nachts sehr heilig, das was darin auf einen mit unwirklich anmutender Natürlichkeit, lauert.

Es ist eine tote Kreuzspinne.
Sie ist dort schon Monate, vielleicht Jahre.
Sie hat ihr Rad geschlagen und ist in seiner Mitte gestorben genau unter dem Licht der Vitrine.

Betätigend für das was die Stadt ist und auch für das was an unserer Gesellschaft krankt.
Keiner bemerkt sie hier.
Sie ist meist nur eine tote Spinne und jemand hat vergessen sie wegzuputzen.
Man vergaß zu Reinigen. Eigentlich sollte man diesem Moment der Ewigkeit und der in sich geschlossenen Heiligkeit einen Schrein bauen.

In diese Pilgerstätte, hin zu dem letzten Opfer und Denkmal in diesem hohen Haus, von Allerwelt kommen.

Aber man geht in dieser Welt an so einem Wunder achtlos vorüber und es kommt der Tag an dem das dort vergeht weil es der Mensch so will. Segnen sollte man es und anbeten.
Eine tote vergessene Spinne die verhungernd in ihrem Netz wartet und eher verhungert als es zu verlassen.

Man sollte dieser Kriegerin neue heiligere Bücher schreiben von den Pilgerfahrten die man zu ihrer Selbstopferung an die ewige Endlichkeit der Dinge unternimmt.

Durch alle Wüsten und Dschungel sollte man fahren und ihrer heiligen Endlichkeit an Weisung gehorchen.
Sollte Kriege und Kreuzzüge unternehmen dieser Spinne, die so unbesehen uns alle ein Mahnmal, aus ihrer Selbst ist.
Ihr geht vorüber, wieder und wieder.

Nichts Heiliges ist sie euch, weil ihr es selbst verlernt habt was an dem Endlichen und dem Ewigen, der Wiederkehr der Vergänglichkeit, Heilig ist.
Wascht euch die Hände gut ab und auch euer falsches Haupt wenn ihr ihre Ruhe Stört,
dass sie euch nicht heimsucht. In der Nacht die über diese Stadt gekommen ist.

Nebel und Gespenster huschen durch ihre Pfade die ebenso wie die Netze gesponnen wurden. Der Geist selbst der längst in ihr Tod ist und vergangen hält euch hier in eurem Treiben.

Starr seit ihr geworden hier auf euren toten Flüssen. In den Schluchten sind in euch eure Flüsse vertrocknet an deren Felsen eure Herzen zerschellen. Tod sucht ihr hier nur, die schönste aller Wahrheiten. Das Leben hier ist nur gelogen.Wie das was euch an euch hält.

Zivilisation nennt ihr das?
Jedes Spinnentier ist mehr Mensch als ihr!
Selbst die Armen rauben den Ärmsten die Wahrheiten und belügen sich dabei nur selbst.
Das was ihr so verächtlich betrachtet ist Ehrlichkeit und das seit ihr in Wahrheit.
Ihr huldigt dem Tod und nicht dem Leben.

Fett und Träg seit ihr geworden an eurem Fressen. Haltet euch nicht gegenseitig.

Starrt das was nie heilig war als euren Herrn in seine toten Augen. Schönheit ist es nicht, sondern Lüge was ihr darstellt.

Ihr wundert euch über euren Wertverlust und die Wunde die er schlägt macht euch Blind für den echten den ihr längst vergessen habt.
Tragt ihr dies nun in die Welt hinein erkennt man es nicht als heilig.

Haltet Prozession hinter dem was ihr verleugnet an euch selbst. Tragt de Freude aller eurer wahren Schätze. Tanzt mit dem was euch dies verteidigt einen heiligen Tanz und lobt in euer Leben lang. Legt euch schlafen mit diesem eurem Frieden der euch in nur einem Augenblick zwischen Wach und Traum trägt und blökt am anderen Tag wieder das alte Lied vor euch aus euch her.

Die Heiligkeit hat euch am Hacken und sie zieht euch hoch zu ihr, tief in einen anderen Traum an Wirklichkeit. Blickt ihr mit Sehnsucht aus diesem vergessen auf das was Wach von euch zurückbleibt? Ihr tut es mit Recht.
Aber woher nehmt ihr euch dieses?
Kauft ihr es ein? Was kostest so etwas?
Liebt ihr jeden diesen Augenblicke wie ihr euch selbst lieben solltet und durchbrecht dann den Schlaf hinein in die alte große Lüge, schlaftrunken von der Wahrheit Niedergeschlagen hat man euch. Zu viel hat man euch im Immerdort gezeigt auf euch.

Hier habt ihr keinen bleibenden Thron. Nur dort setzt ihr mit Sachtheit auf euren Wahrheiten.
Lauern sie um euch, blecke ihre Zähne aus den Spiegeln die tiefer blicken in euch.

Außen seit ihr Taub und Blind geschlagen.
Was mag euch wieder sehend machen?
Welcher Opfer Macht euch wieder frei?
Denkt an die Spinne die euch Ewig sei.
Schlagt das Falsche von euch ab, werft es weg von euch. Seit lieber frei. Seit ihr selbst.

Aber ihr Zwingt euch zu sehr euch zu belügen.

Erster Lüge Opfer seit nur ihr selbst und das andere ist die Welt die diese leere Wahrheit teilt. Sie zwingt euch nicht, so zwingt nur ihr euch hier. Wo betet ihr wenn euch das Zwingen euch verlernt wurde.

Viel zu Spät ist es dann für euch und eure Wahrheit, kein Feuer lasst schmelzen euch von falscher Gier und Lüge.

Hinaus aus eurer Herzensglut alles was nicht brennt für euer wahres selbst. Werdet wieder heilig hier.

Golden aus euch selbst heraus, euren schönsten Tönen, die ihr viel zu sehr vergessen habt. Die Schluchten schlingen euch und machen euch blind in ihrer Finsternis.
Ihr erkennt euch nicht mehr hier.
Blickt man euch an,
seit ihr plötzlich blind für euch selbst.
Hilflos und wie ein kleines Tier das sich fürchtet, nur weil man es nimmt wie es ist, ein kleines Tier.

Springen könnt ihr dann nicht aus euch.
Hab viel zu oft in euch geblickt und sehe das was ihr vergessen habt. Bettet euch mit eurer Liebe zu so sehr ihr wollt, werdet ihr nie andere sein für mich. Warum seit ihr hier? Ihr sucht nicht mal mehr. Ihr wüsstet nicht nach was es euch noch zu finden giert. Alles habt ihr hier und das macht euch tot.
Lasst euch keine Luft aufeinander.
 Strenger Blickt was Starrt ihr vor euch her.
Seit ihr wirklich nicht mal mehr?
Singt ihr euch nicht mehr. Nein, ich höre nichts mehr von euch. Selbst die die Wahr sind hier,
lehnen ab sich selbst. Ihr lauft aus, eure Flüsse fließen nicht ins Meer. Sie sind tot aus euch und bleiben hier.

Ihr tretet auf sie immer mehr.

Platt sind sie und schreien aus ihrer
Taubheit, daraus Rauschen sie in euch
hinein.
Durchziehen sie eure inneren Reiche nicht
mehr.
Lassen sie verdorrt und wüstenleer.
Keiner ist mehr hier.
Aber warum lasst ihr euch
 allein in diesem dort?
Seit ihr euch selbst nicht mehr?
Blickt aus euch hinaus,
lasst euch nicht vom Toten dort blenden.

Ihr wollt mehr davon und gebt von euch,
aber ihr habt nichts mehr, deshalb seit ihr
eine Wüste die sich fortan zwingt durch diese
Welt.
Steht ihr um diese Tempel.
Blickt nichts aus ihnen in euch.
Wo wart du?
Fort, immer fort.
Dort?
Nein, immer fort.

Dort wo nichts mehr bleibt von mir,
 in dem was ich einmal war.
Das ist das was Straße ist hier.
Geister blicken nicht mir entgegen.
Sie hätten mehr Leben
als alles was ich hier seh.
Fort seit ihr auch euch geblieben.

Nur eure Hüllen bleiben hier,
starren sich euch entgegen.
Doch ihr habt verlernt sie aus
eurem Brunnen zu Füllen, zu lange habt von
ihm nicht getrunken.

Keine Ströme fließen mehr von dem was dort
einst war. Doch die Spinne bleibt in ihrem
Netz.
Sie kennt euer wandeln.
Sieht euch an,
 blickt von ihrem Tod in euch.
Ihr seit schon nicht mehr hier.
Nichts zeugt von euch.
Nichts bleibt hier von euch auf mir.
Welche Funken soll ich finden ihrer Feuer?
Alles bleibt hier kalt.

Nur die Fäden dieser Spinne Schnitten mich.
War sie Lebendiger als alles was ich in euch
sah. Warum seht ihr nicht mal an das Netz?
Hört auf eurem Schritt in diesem.
Währt zu sehr in den Abgrund dort
geblieben.
Eure Schuld ist viel zu groß. Heilig war sie
nie.
Wird es auch nie werden. Nicht bemessen
soll man sie an solchen hohen Dingen.

Blickt ein blindes Auge euch nun aus euren
Herzen an.

Hat es sich an eurer Gezwungenheit geblendet.
Stecht es aus und werft es fort,
damit von inneren könnt wieder strahlen.
Sturzbach fließt nun aller Ströme aus euren Höhlen Grün machen sie die Schattengeister wieder.

Rot tot waren sie an die Wände solcher Schlucht zu oft geschrieben.
Zu oft versprachen sie das was ihr nicht wolltet finden. Habt euch gezwungen ins vergessen
 euch selbst getrieben.
Mensch ist Mensch, heißt nicht Tier.
Spinne würde sich solcher Hohlheit schämen.
Doch sie ist Leer.
Hallen würde ihr Schrei in euch zu sehr.
Fort aus mir Gedanke, kennt man mich nur Lebend dort.
Stehe mit Schild und Schwert vor mir.
Wüsten sind mir Menschen hier wie die Schluchten flieh ich sie. Sind mir viel zu Leer.

Ich kenne euch, Heilung wollt ich euch nicht finden. Zu gezwungen seit ihr hier.
Der Zwang hält euch hier.
Haltet der Spinne eine Prozession.
Heute oder Morgen, nur wischt sie nicht fort.
Sie hat mir mehr von euch gezeigt als ihr.

Heilung wart euch hier versprochen an diesem hohen Ort.
Doch Leer ist er und ein verfressener Welcher. Unsichtbar schleicht er um in seinem Netz.
Hascht euch am Leben.
Fordert Stück für Stück von euren Seelenhäusern, Herzen kerkern.
Vormals war es anders gedacht, doch nie anders war's. Nun seit ihr verloren in diesem hier was nie ein Dort ist.
Welche anderen wohnen hier in den Netzen.

Andere sind es und ein solcher wie ein solcher wirst du nun eben auch sein.
Sobald u in sein Netz gestiegen, fällt das Einzige von dir ab und Leeres Vieles wird dich fressen an deinem einzigen Du.

Eine Kopie bist du,
tausendmal ein Niemand im Netz.
Nur ein Staub aus anderem Gewoben.
Hast kein Gewicht und keine Zahl an dir.
Greif es nur, nie wirst du es greifen.
Verlasse es, atme das was du nicht kennst.
Es macht dir Angst nicht war?
Schreckt dich weil du das Leben im Einzigen spürst.
Es blüht in dir erneut.
Dieses frische alte Blut tobt in dir, das spürst du. Nichts mehr.

Mehr warst du, Leere wirst du nicht mehr los. Alles ist ein Zahnrad hier.
Jeder eine Kopie. Nur ein Schatten des anderen, ein angepasster. Aber was sucht man hier denn eigentlich? In der Stadt.
Es ist ein schrecklicher Ort. Er Lebt nicht.
Er tost und braust und man fühlt sich nicht am Meer. Alles ist Grau, die Menschen auch.

Alle als hätten sie einen Kaktus in der Unterhose. Die Mädchen sind geleckt und die Typen auch. Ich finde das furchtbar.
Ich bin nicht Neidisch.

Alle auf der Suche nach dem was mehr verspricht und mehr verheißt.
Man tut dafür alles, belügt sich doch nur selbst.
Man will einfach alles, nicht Nichts.
Verkauft sich selbst und alles woran man glaubt.
Der Preis ist da viel zu tief.

Man fordert Normalität ein und Respekt.
Aber man respektiert sich nicht mal selbst.
Das ist Schade.
Warum macht man das?
Man kann sein Leben lang Spaß haben und dann ab vierzig aufwärts vermisst man das was man nie hatte, ein Zuhause und eine Familie.

Man lebt am Leben vorbei.
Nur zum Spaß.
Die Rechnung bekommt man später am Abgrund der in einen hineinblickt.
Und alles ist hier so gehetzt.
Ich mag die Stadt nicht, auch darum.
Alle versuchen sich anzupassen und möglichst perfekt zu sein.
Nur nicht auffallen.

Sich brav an das halten was im allgemeinen Sinn als Normal gilt.
Eure Probleme sind nicht mal die Kranken, weil die irgendwas menschliches haben.
Alle anderen wollen nur nicht auffallen und merken nicht wie krank sie sind.
Ich habe Mitleid und das kann ich.
Weil ich nicht aus der Stadt bin.
Die da wohnen sind nur noch das Mit,
und haben das Leid abgegeben.
Weil sie durch angepasste Zwanghaftigkeit ihren Leib und den damit innewohnende Gefühlt füreinander abgegeben haben.
Kopie über Kopie über Kopie.
Und ich stehe da und blicke aus dem mir einzigen Zuhause hinaus und sehe leere Gebäude die durch Häuserschluchten wandeln auf der Suche nach dem einen Sinn.
Mehr und mehr, schöner und schöner,
besser und besser.

Alles soll wachsen und größer werden, nur nicht die anderen.
Kein Blut ist dafür zu viel vergossen und sei es am Ende auch das eigene. Ihr wollt fort.
Fort von hier, voneinander, von euch.

Sucht in der Ferne das was euch immer wieder im inneren heimsucht. Erkennt es dort.
Da sitzt es und grinst euch an.
Ihr verleugnet diesen Augenblick und verdrängt das was euch dort anstarrt.
Dann geht es zurück ins Netz.
Klebt wieder daran fest und reist euch das Fleisch blutig.
Immer mehr und mehr, bis nur noch eure Knochen euch anstarren.
Grüßen sie euch oder lachen sie euch aus?

Ihr hört sie nicht weil eure Schreie ein Pfeifton ist in euren Ohren und denen unzähliger anderen. Aber ihr seid Zuhause, das redet ihr euch gerne ein. Hier im klebrigen, von Tod und Leere modernden Etwas, einmal von zu vielen geträumt.
Doch es war es nie und wird es auch nie sein. Freiheit und Leben.
Welch seltsamer Ort denkt ihr, welch Augenblick, die ewigen Miniaturen an Göttlichkeit blicken in euch. Dort wo ihr auf den Bus wartet.

Dann verdrängt ihr wieder eure Leere und eurer Verlorensein in diesem Ganzen.

Ihr redet euch ein das das das Leben eben ist.

Und das macht ihr Tag um Tag.

Das ist nicht das Leben.

Wie Seltsam sind sie hier, denken die die auf der Welt reisen.

Und ihr ihr seht es nicht mehr.

Nicht weil ihr hier Zuhause seid sondern weil ihr es verdrängt habt.

Wenn es euch gepackt hat mit seinen Giftfängen und euch aussaugt, werdet ihr entweder Tod bleiben oder Neu geboren.

Doch sterben werdet ihr immer in diesem Fall.

Er ist Heilig, das begriff die Spinne dort.

Wie lange sprachen wir vor ihrem Haus.

Die Heilige Frau und ich mit unseren Herzen.

Tief waren wir uns ein Rauschen.

Viel murmelten wir und von alten Tagen.

Sie stand hier vor dem Gesetz um allen ein Paragraph zu sein in ihrem Tod.

Das Leben schenkend im inneren aus sich selbst heraus.

Hier im Nichts wo Nebelherden sind bin ich ihrem Licht begegnet. Eure Träume leben nicht.

Ihr lebt sie nicht. Sie sind euch eine ewige Jagt.

Ihr verhungert an dem was ihr nie erreichen werdet. Ihr redet euch etwas vor.
Aber was?

Versteht ihr euch selbst denn noch?
Rauschen tut ihr nicht, eher etwas mehr von branden in euch.
Die Brunst sie macht euch hungrig.
Was verschlingt sie als nächstes?
Was habt ihr ihrem Haidengott schon alles geopfert?
Keinen wahren Glauben werdet ihr finden.
Liebe das ist ein Glaube.
Die Echte.

Aber wer findet sie ohne Opfer zu bringen.
Sie tötet euch.
Macht euch zu lebenden Leichen.
Aber nur wenn sie klug genug gelogen ist, sonst ist sie etwas allumfassend Heiliges.
Was war das eine?
War es klein?
Nein ich denke nicht.
Aber mir ist es zu groß für einen alleine.
Das vergisst man immer.
Immer und immer wieder.
Deshalb ist sie für zwei gemacht.
Aber in diesem leeren Wust ist etwas sehr schwer zu finden.

Etwas das das Zwei ist und das große Eine aushält. Wo war es?
Fand ich es je oder habe ich es mir nur zu klug vorgelogen.

Man lügt ja nicht wirklich die anderen an, immer nur sich selbst und je intelligenter man ist desto Intelligenter sind die Lügen die man sich selbst erzählt. Das letzte war aber etwas Wahres.
Die Liebe zum Leben und zum Zuhause.
Sterben in einer schönen Heiligkeit.
Engelgleich blickt sie mich an, nein nicht hier.

Dieser Ort ist zu viel an Selbstzwang, selbstverlogenheit und gelebte Verdrängung.
Nicht die schöne, die Harte.
Verdrängungen sind nicht schön, aber um es hier auszuhalten reicht eine Kleine.
Und an der stirbt man dann.
Nicht an der Großen, die reißt einen aus allen Häuten und bricht einen die Glieder.
Man durchschreitet ein Tor wenn sie als drachengleiches Ungeheuer aus ihrer Höhle geschossen kommt.
Man ist danach meist Asche.
Und das was dann übrig bleibt ist ein Diamant.

Nur nicht hier, die kleinen Verdrängungen sind viel zu perfekt gezwungen.
Es ist zu leicht gemacht.
Nein, es wird einem zu leicht gemacht an diesem Ort.
Wobei das noch nicht mal ein Ort ist und auch keine Zeit.
Nur ein Netz das einen Namen hat.
Will es den denn überhaupt?
Würde es selbst einen wählen?
Einen hohen großen Namen.
Nur das das was dann in ihr losgeht sie beleidigen würde.
Weiß die Stadt,
das sie von Leichen durchschifft wird?
Wie auf einem Kanal, ertränkt darin am Alltag.

Krachende Seelen blicken sich nicht mehr tief in sich, den anderen. Gibt es das?
Das andere, den anderen?
Ich weiß nur das es diese eine Spinne gibt.
Sie ist hier eine Heilige und das einzige Große das ich erkannt habe.
Hier am Ort der kein Ort ist.
Ich bin hier falsch. Es ist nicht meine Welt.
Meine Welt ist nicht das Jetzt.
Ich gehöre dazwischen. Die Spinne sieht mich an und aus ihrem letzten Heiligen Opfer.
Hier bleiben... immer hier bleiben?

Das es solche Orte gibt.
In wachen Momenten schwört man sich auf andere Dinge und andere Zeiten ein.
Das tut man in der Nacht, im Halbschlaf.
Ein kleines Glöckchen das von mehr an einen klingt und mit seinem hellen Schellen verlockend hinab befiehlt.
In das andere Reich.

Traum und Wirklichkeit verschwimmen und man sieht sich mehr. Was man sich zu oft versprochen hat.
Der Schlaf raubt einem dies wieder.

Einen hellen gesunden Augenblick, der gestolen wird von etwas das wirklicher ist.

Titanen wandeln um einen her, ihr Gebrüll reinigt.
Sie blicken mit Sanftmut auf einen, man ist klein. Nur ein Mensch hier und kaum eine Seele.
Welt des Herzensfluten. Man spricht hier anders miteinander. Wirklicher als im Wachzustand.
Der Schnitter kommt und alles ist wieder ans tägliche Netz geklebt und darin verfangen.
Man blickt sich an in den Spiegeln.
Sieht man sich denn?

Aus einer Falte deiner Haut schreit dir etwas mit breiten Lachen entgegen, erinnert dich daran was du gerade noch warst.
Jetzt aber hast du abermals dich selbst verleugnet.
Gehst hinaus in die Welt und bist alle wie die Allschatten die mit dir einen Strom, ein seichtes glänzen auf der Spinnenseide sind.
Nicht mehr.
Ein Schimmern nur eines Lichtes, das einst war und hier vergangen ist.
Warum bleibt man nicht etwas hier vor dem Spiegel stehen?
Er redet mit einem.
Echte Gespräche.

Nicht wie die anderen aus falscher Spiegelung von vormaligen Schein.
Es gab mal eine Sonne in der Welt.
Wo war sie? Oben nicht wahr?
Über einem scheint sie aus einem.
Man vergisst das oft. Zu oft.
Man sollte öfter daran denken.
Will kein Kläger sein, noch Richter.
Ich bin nicht von euch.

Anderer Tage Herr bin ich.
Zwischen euch sehe ich mich merkwürdig.
Warum fühle ich mir dies zu sehr an?
Wo war das alles noch gleich?
Gefühle für das jetzt und Hier?

Mehr als Nicht ist immer noch besser.
Ich fühle mich, andere sind Lüge
bis auf das Licht.
Selbst- und Fremdgelogen.

Ehrlich mir ist das alles Fremd, nicht zu Selbst.
Oh ja die Erholung vom eigenen Gewicht.
Man wird Staub oder Sand aber das hier ist nicht mal etwas vom Wind.
Er bläst nicht, die Stadt ist nur Nebel und die Menschen nur Schwaden.

Parapgraphen fliegen um euch.
Gesetze eures Zwanges und eures blinden Tastens mit eurem Tropfen.
Ihr seid zu ungesund und Feucht.
Ihr kennt keine Leuchtürme.
Deshalb zerschellt ihr auf dem was euch hier im Zwange hält.

Ich bin freier und so muss ich segeln hinfort.
Die Spinne meinen wahren Bruder
wähle ich mir zur Seite.
Sie ist als einziges mir hier Verwandt.
Lebe wohl du Netz,
ihr Stumpf glitzernden Nebel.
Eure Lebendigkeit verlässt euch nun.

Bibliografische Information der Deutschen Nationalbibliothek:
Die Deutsche Nationalbibliothek verzeichnet diese Publikation
in der Deutschen Nationalbibliografie; detaillierte bibliografische
Daten sind im Internet über dnb.dnb.de abrufbar.

Herstellung und Verlag: BoD – Books on Demand, Norderstedt

ISBN 978-3-7494-2816-8